UNE MAMAN
ça sert à quoi ?

Texte :
Sophie Bellier
Images :
Jean-Sébastien Deheeger

FLEURUS

Boubou l'ourson et ses amis ont décidé de dessiner leur maman. Chacun dans son coin s'applique à tracer sur une feuille en papier la plus jolie des mamans.

Boubou n’a pas d’idée.
Il regarde avec envie le dessin de ses amis.
Comment va-t-il dessiner sa maman ?

Le petit perroquet a dessiné sa maman
avec deux ailes multicolores.
« Moi, ma maman a quatre pattes avec
lesquelles elle ne peut pas me protéger du
soleil », pense tristement Boubou.

Le petit kangourou a dessiné sa maman
avec une grande poche sur le ventre.
« Moi, ma maman a un ventre dans
lequel elle ne peut pas me promener »,
pense tristement Boubou.

L’éléphanteau a représenté sa maman
avec une longue trompe argentée.
« Moi, ma maman a un nez avec
lequel elle ne peut pas me laver »,
pense tristement Boubou.

Le petit pélican a dessiné
sa maman avec un bec immense.
« Moi, ma maman a une bouche dans
laquelle elle ne peut pas me cacher »,
pense tristement Boubou.

Boubou est un petit ourson malin.
Il va dessiner le portrait de sa maman
sur quatre feuilles. Sur la première,
Boubou trace deux oreilles.
– Quelle drôle de maman !
se moque le petit perroquet.

Je n’en ai jamais vu de comme ça !
– Ce sont ses oreilles qui écoutent mes secrets ! explique Boubou.

Sur la deuxième feuille,
Boubou dessine deux yeux.
– Quelle drôle de maman !
se moque le petit kangourou.

Je n'en ai jamais vu de comme ça !
– Ce sont ses yeux qui me regardent
avec tendresse ! explique Boubou.

Sur la troisième feuille,
Boubou dessine un nez.
– Quelle drôle de maman !
se moque l'éléphanteau.

Je n'en ai jamais vu de comme ça !
– C'est son nez qu'elle enfouit dans
mon cou pour me faire
des chatouilles ! explique Boubou.

Sur la quatrième feuille,
Boubou dessine une bouche.
– Quelle drôle de maman !
se moque le petit pélican.

Je n'en ai jamais vu de comme ça !
– C'est sa bouche qui m'embrasse et me
dit des mots doux ! explique Boubou.

Boubou a collé ses quatre dessins ensemble. En dessous, il a écrit « La maman que j'aime ».

– Finalement, s'exclament ses amis, une maman, c'est fait de plein de petits morceaux d'amour !